사과밭에서 그가 온다

권순 시인은 경북 봉화 출생. 2014년 ≪리토피아≫ 신인상 수상. 중앙대예술대학원 문예창작전문가과정 수료. 〈현상〉과 〈막비〉 시동인으로 활동 중이다.

이메일 block526@naver.com

리토피아포에지 · 46
사과밭에서 그가 온다

인쇄 2016. 6. 23 발행 2016. 6. 28
지은이 권순 펴낸이 정기옥
펴낸곳 리토피아
출판등록 2006. 6. 15. 제2006-12호
주소 402-814 인천 남구 경인로 77
전화 032-883-5356 전송032-891-5356
홈페이지 www.litopia21.com 전자우편 litopia@hanmail.net

ISBN-978-89-6412-066-8 03810

값 10,000원

이 도서의 국립중앙도서관 출판예정도서목록(CIP)은 서지정보유통지원시스템 홈페이지(http://seoji.nl.go.kr)와 국가자료공동목록시스템(http://www.nl.go.kr/kolisnet)에서 이용하실 수 있습니다.(CIP제어번호: CIP2016014522)

권 순 시집

사과밭에서 그가 온다

문학과유토피아
LITERATURE & UTOPIA

시인의 말

봄날이다.
자꾸 먼 곳을 보게 된다.
더딘 걸음으로
먼발치에서만
서성거렸다. 그렇게
에둘러 오는 동안
먼 산이 가까워졌다.

2016년 5월

권 순

차례

제2부 꽃자리

제3부 가을볕이 아깝다고

제4부 그 물소리

| 제1부 |

사과 반쪽, 반쪽 사과

다리의 다리를 보았다

구절초 하얀 길에
좁다란 다리 하나 있다

발목은 부러질 듯 아슬하고
녹슨 철골 앙상한 종아리는 자꾸 부서져 내린다
거뭇하게 더께 앉은 저 다리 아래
물의 살이 다리의 종아리를 갉아 먹는다
다리에서 떨어져 나간 자갈이
물의 살에 밀려 자그락거린다

누가 입에 물었다 뱉어 놓았는지
아랫도리에 멍이 든 갈대들
다리의 다리를 빠져나온 바람이 쓸고 간다
바람이 물의 살을 삼키려 한다

다리의 다리를 보았다
샛강 낮아진 날 보았다
다리의 다리가 위태로웠다

아직

나의 방에는 8월의 햇살이 남아 있다
먼저 간 당신이 머물고 있다
망막이 상한 왼쪽 눈을 검진한 날의 오후가 있다
입 꼬리를 씰룩이는 햇살이 남아 있다
햇살을 지그시 누르는 고요가 있다

책상 위 검은 자판에 여름의 지문이 남아 있다
너를붙잡을걸그랬어 라고 시작하는 날리지 못한
편지가 남아 있다 여름내 흘린 끈적함이 남아 있다

너를 찌르던 말들이 들어가 박힌 모니터가
아무것도 기억나지 않는 듯 껌벅이고 있다
아픈 말들이 등을 진 흰 벽에는
오후 다섯 시 반 피카소 미술관 뒤편*이 세로로 걸려 있다
그곳에 바다색 파라솔이 있다
파라솔 그늘 아래 의자는 텅 빈 골목을 닮았다
골목 맞은편 무채색 소파 옆에는

서로 설득 당하지 않던 우리가 함께 들었던 노래들이
고요에 눌려 있다

9월을 살다가 돌아온 나와 8월의 햇살 아래 있는
나의 방이 서로 눌린 기억들을 풀고 있다
그 안에 시간을 닮은 누군가 쉬고 있다

* 오영욱의 일러스트 작품 제목.

머린호르, 눈먼

그가 새끼를 낳는다
울부짖는 그의 등에 햇살이 창을 꽂는다
비명으로 태어난 새끼 낙타가 어미 품을 비집으며 젖을 찾는다
핏기 채 가시지 않은 가는 다리를 절룩거리며

어미는 거세게 몸부림칠 뿐 새끼를 내친다
둘러 선 사람들이 등을 토닥이며 어미를 달랜다
그의 솟구친 등에 머린호르가 걸린다

산통을 겪은 젊은 여자가 어미낙타의 등을 쓰다듬으며 노래를 부른다 구성진 노래가 무리지어 가는 낙타들의 등을 넘는다 이윽고 숨을 고른 어미가 고개를 떨군다 머린호르* 연주자는 활을 탄다 어미낙타의 긴 속눈썹 사이로 눈물이 흘러내린다

바람이 묻는다 그대 또 다시 등짐을 지고 모래 언덕을 넘을

것이냐 바람처럼 갈래갈래 찢기며 바람의 발자국 위에서 석양처럼 질 것이냐 눈먼 그대여

* 머린호르 : 마두금이라는 몽골의 민속악기.

못

못가에서 신발을 본 날은
밤새 검은 물속을 헤집는 꿈을 꾸었다
수없이 자맥질을 하는데 물의 결을 스치며
가슴에 못이 박힌 사람이 지나갔다
본 듯한 얼굴이었다

못가에 구두 한 짝 가지런하였다
그 속에 꽃잎 한 장 날아와 앉았다
검은 구두 속이 연분홍으로 환했다

어쩐지 눈을 뜰 수 없을 것 같은 어스름 속에서
사람들이 술렁였다
귓전이 울음소리로 쟁쟁하였다

앞섶을 다 풀어헤치고 달려온 여자가 구두를 끌어안았다
꽃잎이 천천히 떨어졌다
누군가 먼 곳에서 부르는 듯 얇은 생이

하르르 내려앉았다

한 생이 그렇게 가라앉고
수면 위에는 밀서 한 장 물살에 찢겼다
고요하였다
고요의 내면이 바뀌고 있었다

사과밭에서 그가 온다

사과밭에서 사과꽃 냄새가 나지 않는다면
당신은 우울해질 것이다
우울함은 냄새와 함께 다가온다

사과밭이 보이는 강가에 물비린내가 난다
물비린내 뒤엔 비가 내린다
비가 내리기 전에
어항 속 죽은 물고기를 버려야 한다

사과꽃 냄새가 애인을 달고 온다
수수꽃다리 냄새를 앞세우고
입 안 가득 하얀 꽃을 물고 온다

커피에서 휘발유 냄새가 난다
소년의 사타구니에서도 휘발유 냄새가 난다
날아오르기에 좋은 봄날이다

손이 천 개쯤 되는 냄새들이 날아온다
먼지구름 뽀얀 순례의 길에서 온다

세상에 처음 생겨난 버스정류장에서
아득한 냄새가 날아온다
엄마의 가슴에서 새어나오던 아득함이
다박다박 오고 있다

사과꽃 냄새가 오고 있다

지금은 먼지인 것

아카시아꽃 다 떨어지고 밤꽃이 한창이다
수북한 꽃잎들 흩날린다
날고 날아서 가루가 된다
한때 아카시아 꽃이었다가
벚나무 열매였다가
떨어져 쥐똥처럼 마르다가

실뱀이었다가
말라붙은 검불이었다가
지금은 먼지인 것

세상에 흩날리던 먼지들 죄다 모이는 곳
바람에 묻어 날아가 쌓이는 곳
어딜까

한때 사무치는 당신이었다가
소백산 연화봉에 부는 바람이었다가

깔딱재로 내려가는 철쭉의 진분홍 향이었다가
희방폭포 아래 튀어 오르는 물방울이었다가
다래덩굴에 걸려 흩어진 것
풀섶에 속속들이 쌓인 것
쌓였다가 흩어진 것

바닥을 보이다

저수지가 말랐다

거북이 등껍질 같은 바닥, 삼십 년 만이라고 한다 저수지가 마르고서야 바닥을 성찰하기 시작한 무리들이 있다 그들이 나선 곳은 재래시장, 바닥 민심을 수습하기 좋은 곳이라고

한 남자가 바닥에 엎드려 뱀처럼 구불텅거리고 있다
구불거리는 그를 따라 시장 안으로 들어간다
정육점과 어물전이 싸우고 있다
어느 바닥에서 굴러먹다 왔냐고
도대체 눈에 뵈는 게 없냐고
허리춤에 손을 얹은 여자와 칼을 든 여자가
맞고함을 지른다
질척한 소리들이 바닥에서 솟는다

시장 바닥에서 십 수 년을 버텼다는 여자와

바닥 맛을 제대로 보여 주겠다는 여자가
서로 머리채를 잡는다

누가 먼저 바닥에 닿았던 것일까

바닥을 치고 오르려는 사람들이 출렁거린다
그들의 바닥이 소란하다

불금, 불곰

수요일 정오, 아직 아무 일도 일어나지 않았죠
금요일까지는 더 기다려야 해요
당신은 불곰을 기다리나요
아니 불금*이라니까요
왜 불금을 기다리죠
타오를 수 있잖아요

우리에게 기나긴 역사가 있을까요
개미라면 또 모를까

저기 골목 안으로 들어가고 있는 사람들은 누구죠
곰과 어울려 가는 자
늑대와 어울려 가는 자
어슬렁어슬렁 혼자 가는 자
불빛은 왜 저렇게 휘황하죠
오늘도 잠들기는 어렵겠네요

* 불금 : 은어로 불타는 금요일을 말함.

오후

읍내에 5일장이 서는 날, 동네 어른들 다 장에 가고 오후가 적막하다. 나는 끈끈이 가득 파리가 달라붙은 구멍가게 밀창 옆에 쭈그리고 앉아 친구를 기다린다. 술도가에서 배달 온 털보 사내가 빈 술통을 텅텅 울리며 지나간다. 시큼털털한 막걸리 냄새가 날아온다. 오후가 잠시 찌릿하다. 털보는 정미소 옆 개울가에 자전거를 세운다. 굵은 팔에 냇물을 끼얹더니 재빠르게 정미소 헛간으로 들어간다. 헛간에 사는 여자는 시도 때도 없이 웃는다. 시집간 지 한 달 만에 소박을 맞았다는, 한 여름에도 담요를 둘둘 말고 다니는 여자, 그곳에 드나드는 남정네가 여럿이라는 소문은 아이들도 알고 있다. 적막하고 심심한 오후.

현기증

지금 동쪽으로 가는 것은
앞으로 나아가는 것일까
뒤로 돌아가는 것일까
서쪽 정문으로 들어 온 여자들이 보리밭을 지나
산길로 접어든다
그녀들 뒤에는 절름거리는 노인이
발을 끌며 뒤를 따른다
느리거나 빠르거나 모두 동쪽으로 간다

말쑥하게 차려 입은 젊은 사내가
날개죽지에 여자를 끼고 숲으로 간다
저들이 숲으로 들어가는 것은
앞으로 나아가는 것일까
뒤로 돌아가는 것일까

분수대 앞 벤치에 엄마와 아이가
도란도란 이야기를 한다

-엄마, 언제 집에 가
-지금
-지금이 언제야
-지금은 언제나 네 발등에 붙어 있단다

아이가 제 발등을 내려다보며 걸어가는 것은
앞으로 나아가는 것일까
뒤로 돌아가는 것일까

전야

노을이 붉다
사방이 고요하다
초저녁잠이 막 밀려오는데

흩뿌리는 빗줄기 앞세우고
그가 오는가
후드득 소리에 선잠이 깬다
담장 아래 나무들, 머리채를 흔든다
흔들릴수록 더 젖는다
젖을수록 휘어진다

저기 그가 온다
산과 나무를 안고
아파트를 안고
놀이터 미끄럼틀을 안고
쓰레기통을 안고
도둑고양이를 안고

낙과를 안고
질경이와 달개비를 안고
막 달려온다

출렁, 밤이 뒤집힌다

고양이 도너츠

지하철역 자동계단을 오르다 한 발 앞서 오르는 나비 한 쌍을 보았다 지상으로 오르는 흰 나비는 희뿌연 봄의 허공을 습성도 잊은 채 자동으로 오르고 있다

집게손으로 잡으려 하자 냉큼 한 칸을 먼저 오른다
보라색 가랑이 사이로 대학도서관이 보인다
수염 달린 가랑이 사이로 도서관 앞 층계가 보인다
감색 옆구리와 가방 사이로 넝쿨장미 담장이 보인다
연두의 머리 위로 카페베네가 보이고 파리바케트가 보인다
나비는 나보다 한 칸 위 퓨마의 뒤꿈치에 있다
이제 고양이 꼬리모양 도너츠집이 보인다

잔디마당 울타리 옆으로 고양이가 지나간다
그의 눈에서 시간을 읽으려는데 재빠르게 눈을 피한다
순간 나비가 날아간다

나비의 높이만큼 날아오르려는 가벼운 추적이 시작된다

허공을 날며 구름의 냄새를 맡는 습성과 움직이는 물체의 꽁무니를 따르는 습성이 폴짝거리며 오후를 즐긴다

고양이 꼬리모양 도너츠집이 붐빈다

흰 별 쏟아지는 사과밭에서 별의 향기를 핥고 지나가는 그대는 누구인가 너무나 가벼운 날갯짓과 소리도 없이 나무의 어깨에 올라앉은 그대의 잰 걸음이 튀어 오른다

포인트를 들키다

저수지에서 풀려난 물은 서쪽 포구로 간다
둑방 아래 수초 우거진 곳에
낚시꾼들의 포인트가 있다

마을에서 내려오는 개천이 저수지 물과 만나는 곳
갈대 우거진 곳
일인용 패브릭 소파가 버려져 있는 곳
햇빛 쏟아지는 곳
낡은 포터를 타고 오는 늙수그레한 남자가
한낮에 낚싯대를 드리우는 곳
다리 긁적이며 콧털을 뽑는 곳
컵라면을 후루룩 거리며 여자들을
흘깃거리는 곳
날벌레 득실거리는 곳

왜가리 한 마리, 빈 소파에 날아와 앉는다
물 바랜 그 소파 끝에서

정강이를 긁는다
여자들을 흘깃거린다
고개 숙여 화끈한 손맛을 보려한다
아니 차진 입맛을 보려한다
포인트를 노린다

파동, 청수탕

파동에서 폭설을 만났다 오지 않는 버스를 기다리다 말갛게 소멸해 가는 여자를 보았다 그 여자 폭설에 눈이 멀었는가 고요히 서서 젖고만 있었다

팔조령 넘어오다 곧장 가면 수성못오거리가 나오는 시장 골목, 그곳에 간판에서도 김이 오르는 따스한 청수탕이 있다 언 손이 유리문을 밀고 들어가자 더운 기운이 확 끼쳐왔다 온몸에 피톨들이 솟구쳤다

열탕 안 알몸들은 순식간에 내 몸을 훑었다 내게서 낯선 냄새가 났을 것이다 뿌연 거울 앞에 앉아 세숫대야 가득 뜨신 물을 받는데, 수 세기 동안 물에 퉁퉁 불은 여자들이 거울 속에서 걸어 나왔다 그 여자들, 여기 저기 물동이를 차고 앉아 제 몸을 씻었다 누군가 냉탕에 뛰어들었다 파동이 일었다

물에 불은 살갗을 때수건으로 문지르자 짤막한 국수발 같

은 것들이 부슬부슬 떨어졌다 떨어진 것들은 거품 물에 섞여 수챗구멍으로 밀려갔다 구멍 앞에 이르러 끝없는 어둠을 거스를 듯 빙그르 돌며 빨려 들어갔다 건식사우나 안에서도 습식사우나 안에서도 여자들은 눈동자만 서로 힐끔거리며 작아져 갔다

벽시계 초침이 툭툭 낯선 밤을 차고 갔다 거울 앞 젊은 애기 엄마는 징징거리는 어린 딸의 등짝을 후려치며 악착같이 때를 밀었다 수 세기가 걸려 만난 사람을 놓지 않으려는 듯 치덕치덕 밀었다 폭설이 파동을 덮었다

자전거를 타고 온 여자

문 밖에서만 청소를 하는 여자가 있다
아니 문이 아니라 벽일 것이다
오전 열 시면 자전거를 타고 와서
빌라 계단을 쓸고 닦는 여자
저 혼자 노래를 부르며
저 혼자 비질을 하는 여자
주인들이 일터로 떠난 빌라는
층층이 빈집이다
바퀴살 빛나는 자전거에
대걸레 긴 자루와 빗자루 곧게 세워 꽂은 그녀가
한적한 골목을 달려간다
흰 장갑 반짝이며
적막처럼 환한 여자
이름 모르는 그 여자
빈 골목의 주인 같다

누군가 다녀가다

한낮에 멀뚱하게 누웠는데
누군가 현관문을 슬쩍 밀고 간다
베란다 창문에 어른거린다
안을 기웃거린다
기척이 없자 뒤로 돌아갔는가
낮은 주방 창으로 고개를 빼들고
안을 넘겨다본다

어른거리는 그를 따라
눈동자를 돌리는 사이에
그림자 하나 재빨리 지나간다

창밖에 대추나무 흔들린다
내가 없을 때에도
저렇게 슬쩍 다녀갔을
힐끔거렸을

사과 반쪽, 반쪽 사과

사과 반쪽이 마르고 있다. 막 늙어 버린 여자의 입가처럼 쪼글하다. 붉은 기운을 잃고 있다. 수분이 빠져나간 껍질과 과육 사이에 밀고 당긴 흔적이 있다. 아직 사과임을 잊지 않은 듯 씨방만 제 모양을 지니고 있다.

팽나무 항구에 연일 시신이 올라온다. 누군가 진정한 사과를 하지 않는다고 야단이다. 사과의 힘으로 주저앉은 이들을 일으킬 수 있는가. 오늘도 사과는 없다. 다만 누구의 사과가 진정한 것인지 서로를 긁고 있다. 사과는 타이밍이 중요하다고.

사과는 눈물 뒤에 오는가. 반쪽 사과는 받아들일 수 없다며 여자가 울고 있다. 입가 주름이 파르르 떨린다. 울음 끝에 걸터앉은 그녀, 먹다 둔 사과처럼 누렇다.

반쪽의 사과가 점점 줄어들고 있다. 살집이 물렁하다. 누런 낮빛이 어딘가로 건너가고 있다. 열어 둔 속심으로 오고 가는 바람과 공기를 받아주며 제 몸 헐어 낼 곰팡이를 맞으며 사과에게는 사과의 길이 있는 것처럼 시침 뚝 떼고 앉아 있다.

나전역

영동선 열차 차창에 그해 5월이 터덜거렸다
열차는 검은 골짜기에 굴을 파듯 숨어들었다
제천 지나 영월 지나 정선 지나
골짜기, 골짜기의 끝에 당신이 서 있었다
은사시나무 눈부시던 그 5월

양은그릇 달그락거리는 소리 너머
탄가루처럼 저녁이 내려앉았다
이마에 칸델라 불을 단 사내들은 삼삼오오 막장으로 가고
큰 눈을 껌벅이며 따라가는 당신이 있었다
옥양목 도시락 보자기에 잔꽃이 만발했다

그 밤, 짐승처럼 버티고 선 검은산 아래 사택에는
땟국이 쫄쫄한 아이들이 밤늦도록 사방치기를 하고
낮게 내려온 깊고 어두운 하늘 속으로 뱀모기들이 날아올랐다

| 제2부 |

꽃자리

마른 것들이 운다

갈대가 운다
마른 논에 바람이 운다
마른 것들이 운다
그것들의 몸에서 나는 팥죽 냄새가 운다
팥죽색 스웨터를 입은 엄마의 냄새가 운다
들뜬 것들 잠재우는 냄새가 운다

마른 것들이 텅 빈 들에서 바람을 맞는다
떠난 자리를 지키는 일
등으로 맞는 바람 같다고

바람처럼 휘어진 갈대들이 서로 몸을 비빈다
허옇게 머리 풀고 구불거린다
그 속에 새소리 소란하다
휘리릭 휘리릭
소란이 총총 날아오른다

두브로브니크의 밤

그녀들은 크로아티아로 떠나고
나는 여기 남았다
그녀들이 두브로브니크 거리를 걸을 때 나는
사립학교 화장실에서 변기 청소를 한다
그녀들이 붉은 기와지붕과 아드리아해를 내려다보며 파스타를 먹을 때
나는 화장실 뒤 비좁은 휴게실에서
불은 라면을 먹는다
아무리 사소한 음식도
고개를 숙이지 않으면 먹을 수 없다
모래알 같은 하루가 간다

누군가 자그레브 대성당에서 눈물을 흘릴 때
플리트비체 호수공원을 산책할 때
나는 명치끝에 찾아온 체증 때문에 가슴을 친다

서로 익숙해진 여자들이 속내를 꺼낸다

변비를 호소하며 짜증을 내기도 하고
여행을 멈추고 싶다고도 한다
떠나기 좋은 시간과 돌아가기 좋은 시간을
기억해야 한다며 지금이 돌아갈 때 같다고
알 수 없는 눈물을 보이기도 한다

두브로브니크에 비가 내린다
아름다운 성곽이 젖는다
그녀들은 겉옷과 신발을 벗은 채 거리를 걷는다

먼 여행은 처음이라는 늙은 여자가
밤늦도록 낯선 상점가를 돌아다닌다
세상에 하나밖에 없는 구두를 찾는다
그녀는 구두를 사려는 게 아니라
자신을 팔려고 다니는 것 같다
어디서나 밤은 깊어간다

산왕거미집

새벽이슬 영롱하다
들녘에 즐비한 거미집이 빛난다
저마다 혼자 들어앉은 팽팽한 집들
가로수 사이에 대저택 같은 산왕거미집이 있다
넓고 촘촘한 그 집, 지나는 이들의 발길을 멈추게 한다
역세권 원룸처럼 풀밭에 옹기종기 모여 있는
긴호랑거미집은 키 작은 풀들 사이에 납작 엎드려 있다
넓은 논 가운데 아파트처럼 빽빽한 논늑대거미집도 있다
어제는 보이지 않던 저 집들
느리게 걷는 오늘에야 칸칸이 빛나고 있다
집집이 혼자다

산왕거미집에 걸린 잠자리 한 마리, 버둥거린다
날개를 파르르 떤다
줄이 팽팽하다
느닷없는 산왕거미의 먹방 앞에
온몸으로 파닥이던 잠자리, 날개를 접는다

날개 사이 햇살이 접힌다
휘황하게 움직이던 눈동자, 스르르 멈춰선다
그 유려하던 비행술이 접힌다

집집마다 혼자인 저들이 빛난다
고독에 쩐 주머니 같은 몸을 웅크리고
그들은 지금 먹방 중이다

옥수수

참새가 덜 여문 옥수수를 쪼아대는 걸 보고 생각한다
모종을 심을 때
아예 넉넉하게 심어야겠다고
알이 차기 전부터 저렇게 쪼아대는 건
제 몫이 없을까봐 조바심을 내는 때문이라고

하루가 다르게 무성해지는 옥수수밭을 지나다가 생각한다
자고나면 저리 시퍼렇게 자라 오르는 것은
수염 숭숭한 것은
알갱이가 촘촘하게 들어차는 것은
하루를 일 년처럼 살기 때문이라고

찐 옥수수를 둘러앉아 먹다가
까닭 없이 급히 먹는 당신을 본다
한 알씩 떼어 먹어도
알알이 모아 한 움큼을 먹어도
자꾸만 조급해지는 까닭은 무엇인가

한 입 먹기 무섭게 또 한 줄을
밀어 올리는 이 허기는 무엇 때문인가

허기가 엄지손을 또 밀어 올린다

남지장사 가는 길

흑염소 뿔에 저녁놀이 걸린다. 남자는 고시원 문을 나와 내리막길을 걷는다. 이마가 붉다. 그는 염소전골 식당을 돌아 언덕 아래로 내려가고, 나는 언덕을 올라 산으로 든다. 절집 처마에 바람소리 차다. 공양간 툇마루에 모여 앉은 스님들 동안거에 들려는지, 바랑에 승물을 챙기며 고무신을 닦는다. 반질한 약탕기에 향 짙은 고뿔약을 달인다. 감나무 가지 끝에 마른 이파리 몇 장 나부낀다. 비를 머금은 바람 한 자락이 쏜살같이 지나간다. 허공과 집들 사이, 허공과 흑염소 사이, 앙상한 가지들이 흔들린다. 잔가지 끝에 서넛 남은 까치밥이 붉다. 낮술에 거나해진 돌담집 할배는 텅텅대며 장대로 은행을 턴다. 지나가던 지장보살 육환장이 나무에 걸린다. 찬 기운에 몸을 떨던 여린 것들이 그 아래 몸을 낮춘다.

꽃자리

밥상에 파리가 꼬인다 얼마동안 그렇게 놓여 있었는가 주발 언저리에 몇 알의 밥과 잘게 찢은 김치쪼가리가 말라 있다 빈 간장 종지가 동그마니 놓여 있다 파리 떼 날아 앉은 옷가지들은 땟국이 흐른다 두덕두덕 내력처럼 걸려 있다 아랫목에 이불 쓰고 누운 아들을 노모는 자꾸 흔들어본다 며칠째 기척이 없다 말아놓은 멍석처럼 꿈쩍 않는다 그렇게 또 며칠이 지나도 아들은 누워만 있고 밥을 주지 않는다 노모는 발등이 드러난 퍼런 슬리퍼에 발을 끼우고 허정 걸음으로 집을 나선다 녹슨 대문 빠져 나와 자꾸 먼 곳으로 간다

아들은 머리맡에 말라빠진 밥상을 남겨놓고 이불 속에 절름거리던 다리를 남겨놓고 먼 길을 간다 먼 길 돌아가느라 엄마가 길을 헤매는 것도 모르고 엄마가 배고픈 것도 모른다 아랫목에 누워 두 다리 쭉 펴고 몸을 벗는다 아들이 얼마나 아팠는지 언제 떠났는지 아무것도 모르는 병든 엄마는 기억이 줄어들고 몸이 줄어들고 이제는 배만 고프고

등을 보인다는 것

둑방 아래 버려진 의자가 있다
등을 보이며 언제부턴가 거기 혼자다
등을 보인다는 것은
경계하는 마음을 풀었다는 것인데
다 내려놓았다는 것인데
아무에게나 뒤를 보여도 좋다는 것인데
마주 보기만 해도 눈물이 흐른다는 것인데
좀처럼 울지 않던 그가
몰래 다녀간 것일까
마주하면 악다구니만 하게 된다던 그가
혼자 다녀간 것일까
빈 소주병이 버려져 있다
밤새 등 돌리고 앉아 목 놓아 울었을
고개 떨구고 어깨를 들썩였을
소주를 병째로 마셨을
끓어오르는 미움을 삭혔을
서럽고 쓸쓸한 그가

끝내는 자신도 마주할 수 없는 그가
물가에 돌아앉아
등을 보인다는 것은

바다에서 잠을 자다

문자가 왔다
요란한 알림음과 함께 불안이 왔다
국민안전처, 서해 해상 짙은 안개주의!
놀란 심장이 한동안 벌렁거렸다

너무 친절한 문자 때문에 불안하다고 화를 내는 것은
문자를 보낸 이에게 미안한 일일까

매립지로 이사를 오고 나서
턱밑까지 물에 잠겨 있는 꿈을 자주 꾼다
바닷물이 발뒤꿈치를 핥으며 들어와선
잠든 나의 목덜미를 주무르다 간다

갯내가 아침을 뒤집는다
뒤집힌 아침, 우리는 부지런히 쇠문을 잠그고
육지로 떠난다

조개모양 지붕의 갯벌역 지하 계단으로
오리털 점퍼가 내려간다
서류가방을 든 양복이 내려간다
뾰족구두를 신은 청바지가 내려간다
노트북 가방이 내려간다
전동차는 뻘 속으로 빨려 들어간다

서류가방이 시트에 기대 앉아 잠속으로 빠져 든다
잠에서 먼저 빠져나온 엄지가 불안을 꾹 누른다
다시 문자가 올 때까지 우리는 안전할까

작은 물방울들 사이로 갯내가 스며드는
느긋한 아침이다

독백을 배우다

밤나무실 살 때 옆집 살던 갈골할매는 사시사철 머리가 시리다 했다. 수건을 두리두리 감쳐 쓰고 혼자된 우리 엄마 적적하다고 저녁마다 마실을 왔다. 할매는 밤마다 나직한 음성으로 세상 이야기를 들려줬다. 아랫목에 누워 자는 척 듣다 보면 인왕산도 보이고 전쟁 난 월남 소식도 들리고 바람난 우서방댁 도망가는 엉덩이도 보였다. 주름 자글한 할매 목이 꿀럭 거릴 때 마다 이야기가 싸락싸락 올라왔다. 밤이 이슥해지면 목수였던 갈골할배 작은댁 얘기가 어김없이 화롯가에 내려앉았다. 할매는 화로에 손을 쪼이다가 인두로 불씨를 꾹꾹 눌렀다. 그럴때면 할매 손끝에서 얘기가 나오는 것도 같았다. 할매가 움직일 때마다 겨드랑에서 바삭바삭 공단저고리 스치는 소리가 났다. 종일토록 혼자 노는 날이면 할매처럼 엄마 저고리에 쉐타를 껴입고 식은 화롯가에 앉아 인두로 마른 재를 꾹꾹 눌렀다. 손사래를 치면서 혼잣말로 할매 흉내를 냈다. 저물도록 문간방에는 나직나직 혼잣말이 내려앉았고, 내 겨드랑에서는 날개 스치는 소리가 났다.

적막이 기다리다

새벽에 눈 뜨면 머리맡에
그가 있다

앓고 나서부터는 하룻밤에 몇 번이고
자다 깨어 그를 만난다

밤마다 머리맡을 지키고 앉아
내 몸뚱이를 샅샅이 쏘아 보고 있다

숨소리가 벽시계 초침에 옮겨 앉는다
고요는 이불귀를 붙들고 팽팽하다

새벽빛이 창호지에 스밀 때까지
어둠이 자동차에 밟혀
헐어질 때까지

쌀, 모래

마음 뒤숭숭하고 사나워질 때
나는 쌀을 씻는다
쌀알을 한 움큼 손에 쥐면
숨죽이고 있던 마음의 올이
살살 풀어진다
수돗물 틀어놓고 썩썩 비벼 씻다보면
자잘한 기쁨들이 살아온다

말간 물에 흰 쌀알이 곱게 내려앉으면
왁자하던 오후가 물러가고
서걱거리던 마음이
씻어놓은 배추 속처럼 노릇해진다

밥솥에 쌀을 안치고
오물오물 밥물 끓는 소리가 나면
애잔하게 떠오르는 얼굴들이 있다
고슬한 밥 한 술 함께 뜨려고

밥상에 둘러앉을 얼굴들이 보인다
답답하고 울고 싶을 때
분이 풀리지 않을 때
나는 수돗물 시원스레 틀어놓고
쓱쓱 쌀을 비벼 씻는다
말간 물이 나오도록 비벼 씻다보면
속에서 따스한 기운이 올라온다
그게 바로 밥심이라고
식구들의 중심에는 밥이 있다고
일러주던 당신이 떠오른다

소리를 보다

냉해를 입어 파값이 비싸던 지난 겨울
구석에 두고 뽑아 먹으라며
고모가 파 화분을 주었다
잠도 오지 않고 심심한 저녁
내내 연속극을 보다가
홈쇼핑을 보다가
책을 펼쳐 들었다
곰실곰실 벌레가 기는 것만 같고
활자들이 눈에 들어오지 않았다
얼룩진 거실 유리문을 바라보다
초침이 척, 척, 자리를 옮기는
시계 소리를 따라가다
파 화분 언저리에 먼지가 보였다

얇게 앉은 먼지를 닦을지 말지
귀찮기도 하고 무슨 환자 같기도 해서
망설이던 그때였다

툭, 투둑, 소리가 들렸다
밑둥에서 한 뼘 쯤 되는 자리에
대궁들이 살짝 비껴서서 틈을 내준 그곳에서
벼룩이 튀는 것 같은
작은 소리가 들렸다
숨겨진 파의 중심이 파르르 떨렸다
아기가 잠결에 배시시 웃으며
살구만 한 주먹을 툭 지르는 것처럼
서로 몸을 뻗으며 기지개를 켜는
몸을 여는 소리였다

산수유

마을은 아직 잿빛이다
개울에는 한기를 벗지 못한 냇물이
골골을 돌아 나온 겨울처럼 쫄쫄 흘렀다
산비탈에 노릿하게 산수유만 피었다
명자언니 다녀갔던 그 봄처럼

그녀는 어궁이 앞에 목을 늘이고 앉아
부지깽이로 뭔가를 쓰고 지웠다
몽긋 솟은 가슴을
치마 말기로 둘둘 말고
구부정한 등허리 들썩이며 기침을 했다

노란 갑사저고리 새색시였던 그녀는
시집간 지 서너 달 지나
기침병을 앓다가 죽었다
사랑방 앞 살구나무 아래는
아버지의 빈 소주병이 쌓이고

애기 똥물 같은 것이 흥건했다
엄마가 누구인지 모르던
아버지의 큰 딸 명자 언니

마을버스

고속도로에 우리 동네 마을버스가 달린다
꽉 막힌 차량 행렬 틈에 소사역-매화동 팻말을 달고
그 버스, 거기 끼여 있다

노선을 벗어난 저 버스, 어디로 가는 걸까
저대로 쭉 내달려 바다에 닿으려는 걸까
외국으로 팔려나간 다른 버스들처럼
속초항에서 수출선에 오르는 것일까
청진항 원산항을 거쳐 블라디보스톡 어디쯤에서
몽골의 도시로 실려 갈 것인가

봄 폭설 흩날리는 울란바토로 네거리를
매화동행 버스가 달린다
불광동행 버스가 달린다
그 버스들 한글 행선지를 그대로 붙이고
눈 쌓인 몽골 땅을 의기양양 달린다
〉

볼이 발갛게 얼어버린 수줍은 사람들이
불광동행에 버스에 오른다
남양주행 버스에서 내린다
우리의 손때 묻은 그 버스 안에
그곳 사람들의 대찬 기운이 담긴다

뉴발 분분한 낯선 거리를 마을버스가 달린다
볼이 발그레한 사람들을 싣고
건들거리며 달린다

영동고속도로 꽉 막힌 차량 행렬 틈에
우리 동네 마을버스가 있다
울란바토르 네거리로
우리 동네 마을버스가 간다

확

지르는 순간이 있다

미국산 전기주전자는 삑삑거리며 물을 끓인다.
홈쇼핑 채널에서는 뭐든 새로 사라고 종일 아우성이다.
-본 제품 전 색상 매진을 앞두고 있습니다.
-남은 시간은 3분입니다.
프랑스산 유리냄비 안에서 된장국이 끓고
최신형 압력밥솥은 밥을 뜸 들이고 있다.
로봇청소기는 거실 구석구석을 돌아다니고,
-대기시간을 줄이려면 자동주문 전화를 이용해 주세요.
-망설일 시간이 없습니다.
전화선으로 카드를 날린다.

벼르고 벼르던 과일 착즙기가 도착한다.
제일 먼저 찐득한 욕망을 적당히 잘라 넣고
버튼을 누른다.
빙빙 돌며 욕망의 즙이 떨어진다.

마지막 살점까지 짜고 짜서
한달음에 마셔버린다.
목안이 얼얼하다.
지르고 나면 목이 마른다.

소금으로 씻는 다리

아침부터 단속반이 떴다
여자는 절룩거리며 리어카를 밀고 다닌다
뒷골목이 젖는다

빗줄기 잦아들고 땡볕 드는 염천에
꼭지 마른 참외와 토마토를 모둠으로 놓는다
손등으로 연신 눈물 땀을 닦는다
저녁이 멀다

종일토록 의족에 쓸린 다리를 짐처럼 내려놓고
여자가 몸을 눕힌다
헐은 의족을 뺄 때면
쓸린 다리가 홧홧해서 눈물이 난다

남자가 우는 여자를 안아 든다
붉은 고무다라 뜨신 물에 피멍든 다리를 담근다
두 손으로 꾹꾹 주무른다

더운 숨 모아 입김을 넣어준다
굵은 소금 탁탁 뿌린다
무처럼 썩썩 비벼 씻는다
다리가 움찔거린다

저녁마다 호사를 누린다며 여자가 환해진다
얼굴 가득한 주근깨가 한 움큼 쏟아진다
불빛이 멀다

수련

이 새벽 너를 보러 왔다

빗지 못한 머리를 풀어 헤치고
묶지 못한 신발 끈을 늘어뜨리고
멀리서 너를 보러 왔다

이렇듯 견고하게 입을 다물고 있을지
짐작도 못하고

갓 쑨 도토리묵처럼 연못은 찰방거리고
바람은 가볍게 다녀가는데

환하던 너의 낮빛만을 기억하는 누군가
발길을 돌리지 못한다

너는 다문 입을 열지 않고

| 제3부 |

가을별이 아깝다고

모새달

달리자 했다
물 속 가득 스크럼을 짜고
푸른 달이 떠오르기 전에

소금창고를 돌아온 바람이 등을 떠미는 아침에도
아물다만 상채기가 빨래판처럼 밀려오는 저녁에도
멀리까지 달리자 했다
살얼음 낀 갯골에서

시린 잎은 붉은 피 뚝뚝 떨어지고
살을 헤집는 날선 눈길에
오소소 소름이 돋는다
달이 떠오르는 둔덕을 향해
물길 끊어지는 그곳까지
낮은 행군이 이어진다

먼 물길 마다않고

세찬 바람 굴하지 않고
낮게 출렁이며
꽉 잡은 손 놓지 않는다
주춤거리며 함께 넘어지고
사부작거리며 함께 일어선다
누군가의 언 가슴인지도 모르는
저 물길을 헤집으며
어린 말처럼 달린다

쉼 없이 달리는 저들의 중심은 어디일까
물 아래 아프도록 꽉 잡은 시린 손일까
허공에 뻗은 날선 잎일까
어느 달빛 아래 저 손 풀어 놓을 것인가
눈발 날려 이마 시린 이 저녁

외할아버지

새마을운동 시절이었다
허물어져가는 낮은 돌담을 헐지 않겠다고
외할아버지는 마지막까지 버텼다
호박넝쿨 넌출거렸던 외갓집 울타리는
마을에서 마지막 남은 돌담이었다
시멘트 벽돌담으로 바꾸라고 졸라대는 이장을
노인은 천하에 숭한 놈이라며
마주치기도 싫다 했다
이른 새벽이나 해거름에는
영락없이 쇠죽솥 앞에 앉아
긴 담뱃대를 물고 빼금거렸다
오래된 무엇인가가 외할아버지 입속으로
가슴속으로 들락거리는 것 같았다
백태 끼인 허연 눈을 껌벅거리며
삼베적삼 소매를 반쯤 걷어 올리고
생솔가지 꺾어 아궁이에 불을 넣을 때면
가마솥에서도 외할아버지 눈에서도
더운 눈물이 흘렀다

감자

개망초 살랑거리고
명아주 고개 흔드는 비탈 아래
감자밭이 있었다
알싸한 감자꽃이 숨을 파고드는 고랑마다
갓 캐낸 감자들이 벙글거렸다
산달에 허기진 엄마는
점심때가 되어서야 호밋자루를 내려놓았다

햇살이 속속들이 파고 든 마당엔
오뉴월 열기가 가득했다
어느새 숨 막히게 더웠다
엄마는 우물에서 물을 길어 올려
손발을 식히고
숨을 식히고
막 감자를 먹으려는데 산기가 왔다
감자 먹다 낳은 아이를
사람들은 감자처럼 생겼다고 놀려먹었다

여름날, 갓 쪄낸 감자를 보면
분이 확 피어오르는
살이 툭툭 터지는
노릿한 감자를 보면
무언가 벙긋거리며
꾸역꾸역 내게로 오는 것 같다

잠실에서

감자를 점심으로 때운 함석집 식구들이
들녘으로 흩어져 나가고
막내딸 옥이 따라 들어간 누에치는 방에는
쌉싸름한 뽕잎 냄새가 났다
멍석을 깔아놓은 방바닥에서
묵은 서책 냄새가 났다
누에가 뽕잎을 갉아대는 소리는
굵은 빗소리처럼 들렸다
그림일기 숙제를 하던 우리는
누에처럼 꿈틀거리는 꿈을 꾸며 낮잠을 잤다
거세진 빗소리에 놀라
멀뚱히 누워 방안을 더듬는데
앉은뱅이책상 밑에 누군가 숨겨놓은
감자떡과 알 굵은 찐감자가 놓여 있었다

구남매 막내딸 옥이가 한 번씩 골질을 할 때면
아무도 말리지를 못했다

어른들은 그런 옥이를 두고
계모 밑에서 어린 삼촌 고모 틈에 자라느라
이리저리 치여서 골질만 늘었다고 혀끝을 찼다

남도 못 먹게 숨겨놓은 감자떡 때문에
매 타작을 당한 옥이는
옴빵진 눈 밑에 마른버짐이 가시질 않았다

앉은뱅이책상 밑에 그 감자떡은
옥이가 진종일 헛헛함을 달래려고
죽은 엄마 손길을
몰래 숨겨 놓은 건 아니었을까

맨스필드의 사진 네 장

금발머리의 여배우가 죽었다 세상은 그녀가 트럭에 치어 머리통이 날아갔다는 사실보다 자신만의 독특한 세계를 보여주는 것이 배우에게 얼마나 힘든 일인가를 이야기 했다

누군가 네 장의 사진으로 그녀의 죽음을 이야기 했다 사진 속 그녀는 늘 입을 벌리거나 풍만한 몸매를 드러내고 누워 있다 다만 사진의 설명이 다를 뿐이었다

금발머리의 그녀가 붉게 칠한 입술을 쭉 내밀고 가슴을 한껏 드러낸다 그녀는 마릴린과 똑같은 포즈를 하고 있다 남자들이 열광했다

마릴린을 뛰어 넘으려고 아무리 애를 써도 세상은 그녀를 마릴린과 닮은 배우라고만 기억했다 다만 그녀의 풍만한 몸을 기억할 뿐 그녀의 무엇도 인정하지 않았다

가슴에 고양이를 안은 그녀가 해맑게 웃는다 고양이 새끼

들이 그녀의 풍만한 가슴 위로 튀어 오른다 그들에게 밥을 먹이는 맨스필드는 섹시하지 않았다

그녀가 섹시하게 웃는다 세상을 빨아들일 듯 붉은 입술이 화면 가득 잡힌다 사람들은 그녀에게 달아오른다 스커트 자락에 바람을 집어넣고 입술을 쭉 내민 마릴린에게 열광한 만큼 딱 그만큼만 그녀에게도 열광했다

마릴린이 죽자 아무도 그녀를 찾지 않았다 맨스필드는 금발의 그림자로부터 벗어나 자신으로 돌아왔다 비로소 마릴린의 시간은 마릴린에게 맨스필드의 시간은 맨스필드에게 넘겨주기로 했다

양말의 기억

우리 관계는 언제나 똑같다
나는 바닥에서 너를 느끼고
너를 감싸주고
온통 너만을 기억하기에
너의 발뒤꿈치가 얼마나 딱딱한지
살짝 구부러진 검지발가락도
복숭아뼈의 굳은살은 얼마나 두꺼운지
다 기억하고 있다
낯선 여자 앞에 서면 너의 발바닥은
얼마나 축축한지
몰래 사귀는 그와 포구 앞 모텔에서 몇 번이나 만났는지
봄날 아침 출근길에 통통 튀어 오르던
탁구공처럼 가볍던 발걸음을
늦은 밤, 술에 취해 무거운 걸음으로
계단을 오르던 너의 절망을 기억한다

지금 우리는 별거 중이다

너는 침대에서
나는 알루미늄 구조물에서
대낮의 웅성거림을 뒤로 하고
발의 지문들이 기억하는
하루가 저무는 것을 보고 있다
누군가의 행적을 샅샅이 기억한다는 것은
얼마나 끔찍한 것인가

어떤 가족

소금자루 같은 어둠을 매고
남편이 들어왔다
아내는 향수를 날리며 나갔다
아들이 번호를 삥삥 누르고 들어왔다
남편은 거실에서
아내는 안방에서
아들은 문간방에서 잠이 들었다

성에 낀 유리창이 아침햇살에 반짝거린다
주방이 술렁이고
밥솥에서 김이 훅, 훅, 올라온다
식탁은 여전히 비어 있다
슬리퍼를 끌며 아들이 나가고
비듬 듬성한 남편도 나갔다

여자는 혼자 식탁에 앉아
밥알을 곰곰이 씹었다

달력 날짜를 짚으며 중얼거린다
오늘이 음력 며칠이지
그때 원수로부터 문자가 날아왔다
나 출장 가
모레까지 못 들어감
여자가 답장을 날린다
애 학원비나 보내요
아들에게도 문자를 날린다
너, 오늘도 학원 빼 먹으면 알지
나, 죽는 꼴 보고 싶지 않으면 알아서 해

얼룩

아주 먼 먼 위에서 내려다보면
세상은 다 한 점 얼룩일 뿐이라고
그가 말해 주었다
새벽에 거리를 청소하는 사람도
소총을 들고 군사분계선 앞에 선 군인도
넓적다리가 탱탱한 젊은 여자도
농협 앞에서 푸성귀를 파는 할머니도
한적한 도로변에 차를 세워두고
오줌을 갈기는 아저씨도
저 위에서 보면 한 점 얼룩일 뿐
그뿐만이 아니다
지붕 낮은 우리집도
달려가는 자동차도
첨탑 높은 교회도
지구 등에 묻은 작은 얼룩 한 점이다

저기 운동장에 얼룩들이 흩어지고 있다

기차역으로 버스정류장으로
얼룩들이 몰려가고 있다
강변에는 자전거를 탄 얼룩들이
엉덩이를 실룩거리며 줄지어 가고 있다
노을빛에 얼룩들이 환해진다
어른거린다

송아지가 만 원이래요

엄동에 만 원짜리 송아지들이
배를 곯아 죽었다
키워봤자 사료 값도 안 떨어진다고
비싼 사료를 마냥 댈 수도 없다는
주인 눈총이 따가운지
마른 잔등이 까칠하다
소는 믿고 살아도 종은 믿고 못 산다며
거둬 먹이고 쓰다듬던 안주인도
이제는 송아지가 원수 같다며
말라가는 송아지보다 먼저
거품 물고 가슴을 친다
아랫집에 송아지가 또 태어났다
물컹한 핏덩이가 쏟아지고
비릿한 냄새가 올라온다
만 원짜리 식구의 탄생이다
사람들은 소가 여물을 씹는 듯
우물거리고만 있다

그들은 안녕한지

바닷가 언덕에 미루나무 있었네
언덕마루 정자에서 그 나무 정수리 보았네

갯고랑이 속살을 드러내고
갯내를 흠씬 풍기네
막 머리를 감고 물기를 턴 잎들이
수런거렸네
미루나무, 속살을 보았네

그 품속에 있었네
이른 봄 아비와 어미가
나뭇가지와 진흙과 마른풀로
촘촘히 엮은 그런 집
사람 손으로는 지을 수 없다 했네

반나절을 서 있었네
어린것들 보질 못했네
내 생애의 반나절이 지나갔네

그것도 좋은 일이여

늘푸른요양병원 2층 구석방에 햇살이 든다
구순의 순생 할머니, 주름 깊은 얼굴에
작고 야윈 몸에 햇살이 머문다

내려앉은 눈꺼풀에 성냥개비를 끼운다
쑥스러운 듯 헤헤 웃으며 기억속의 누군가를 부른다
-어여, 일어 나그라 밭에 가자
-방앗간 문은 열렸디
-누가 나 좀 우리 집에 데려다 줘요
-그것도 좋은 일이여
아침마다 같은 말이 병원 안에 울려 퍼진다

순생씨, 이름처럼 순한 생을 살았다 한다
저승을 목전에 두고 가고 싶은 곳은
오로지 식구들과 모여 살던 고향집이요
궁금한 것은 들녘과 방앗간이다
하루에도 몇 번씩 삭정이 같은 팔로 손사래 친다
집에 가자고 떼를 쓴다

지친 간병인은 대꾸가 없고
할머니, 꾀주머니 달린 꼬마처럼 헤헤 웃는다
눈꺼풀에 끼워둔 성냥개비가 빠진다
순생씨, 기억 속의 집을 찾아
하루에도 몇 번씩 고샅을 나선다

꼬마 바틀비

바틀비*를 만났다

그는 여섯 살 꼬마였다
언제나 혼자였고 얼굴은 창백했다
날마다 내 책상 옆에 붙어 앉아
알 수 없는 표정을 짓거나
빙긋이 웃거나 중얼거렸다
그는 항상 같은 책을 읽었다
전화기 컴퓨터 핸드폰 같은 것을
매일 똑같이 그리기도 했다
그에게는 계획된 일과표가 소용 없었다
누군가 그에게 지금은 공부할 시간이라고 말하면
지금은 하고 싶지 않아 라고
또렷하게 말하곤 했다

그는 아주 가끔 천자문을 줄줄 외우고
영어단어를 우리말로 척척 맞추기도 했지만

사람들과 눈을 맞추지는 않았다
누구는 그를 천재라고 했고
너무 일찍부터 많은 것을 하게 한 그의 엄마는
자폐를 걱정하기도 했다
안 하고 싶은 것이 많은 그에게
안 하고도 살 수 있는 세상이 올 수는 있을까

녀석이 보고 싶다
하지만 참아야겠다 그가
지금은 안 보고 싶어 라고
말할지도 모르니까

* 바틀비: 허먼멜빌의 소설 『필경사 바틀비』의 주인공.

우리는 우리 생애에

나는 너를
너는 나를
알아보지 못하게 될 것이다
강물이 끝없이 흐르고 있는 것 같지만
우리도 모르게 강물도 변하고
세상도 변한다
오래 입은 잠옷처럼 익숙한 그것들이
하나 둘씩 사라지면
지나간 화폐처럼 금세 또 잊게 될 것이다

머지않아 사람들은
편지나 엽서를 잊을 것이고
우체국에 가지 않을 것이다
종이로 된 책과 신문이 사라지고
허공을 오고 가며
서로의 안부를 챙기던
유선전화도 사라질 것이다

저를 대신해 줄 작고 가벼운 무엇을 남기고

우리는 우리 생애에
나를 나라고 말하지 못하고
너를 너라고 부르지 못하는
어지러운 세상을 보게 될 것이다
서로를 알아보게 하던
주민번호, 전화번호, 비밀번호, 통장번호, 현관문번호
번호, 번호들이 사라질 것이다
번호들과 함께 우리도……
우리가 모르는 사이에

푸른 안경을 쓰다

고개를 넘으니 서쪽 바다가 보였어요
눈이 부셔서 색안경을 썼지요

세상은 온통 어항 속처럼 푸르게 움직였어요
거리에는 수초가 흐물거리고
사람들이 물고기처럼 헤엄쳐 다니고 있어요
낡은 유모차에 종이박스를 가득 싣고
할머니 물고기가 지나가네요
눈꼬리가 사나운 물고기는
가래침을 뱉어요
뚱보 물고기, 키만 웃자란 소년 물고기
엄마 곁에 꼭 붙어가는
아기 물고기도 있어요
다들 푸른 얼굴이네요

수협 건물처럼 푸르던 빌딩과
푸르던 나무들은 제 빛을 잃고 말았지요

저쪽에서 색안경을 쓴 젊은 여자가 오고 있어요
눈빛을 볼 수가 없어서 무서워요
당신은 입 꼬리만 보고도 눈빛을 알 수 있다고
보여주지 않는 눈빛에 연연해하지 말라고 했어요
위험한 눈빛은 어떻게든 새어나온다고

고개를 넘으니 서쪽바다가 보였어요
눈이 부셔서 푸른 안경을 썼어요

홍수아이

대청호에 갔다가 그 아이를 만났다
두루봉 아래 홍수굴에
가슴 가득 국화꽃을 안고 누운
사만 년을 거슬러온 다섯 살 홍수아이
어린 사슴 뛰놀았을 저 숲속에
돌망치는 아니어도
찌르개나 자르개 하나쯤 손에 들고
사슴처럼 뛰어다녔을 아이
사냥 간 아빠를 기다리며
큰 나무 가지 위에 걸터앉아
고개 넘어 먼 곳을 바라보며
콧노래도 흥얼거렸을 아이
그때는 코끼리 원숭이가
득실거렸을지도 몰라
야자수 같은 아열대 수목들이
울창했을지도 몰라

박물관 유리벽 넘어 사만 년 전 아이를
지금 아이들이 보고 있다
죽은 아이를 굴속에 눕혀 놓고
구석기 사람들이 울고 있다
아랫도리만 가린 그의 엄마 아빠가
눈물로 꽃무덤을 적시고 있다

두루봉 아래서 사만 년 전 아이를 만났다

*홍수아이는 충북 청원군 두루봉 인근 동굴에서 발견된 구석기시대 현생인류 화석으로 나이는 다섯 살로 추정되며 최초 발견자인 김홍수의 이름을 따서 홍수아이라는 별칭이 붙었다.

기억하는 냄새가 있어요

들창으로 뿌연 빛이 새들어 왔어요 시렁위에 싸리나무 광주리가 보였고 그 아래 검은 이불을 뒤집어 쓴 비릿한 콩나물시루가 있었어요 고요를 잔뜩 물고 있는 그 방안에 덩그머니 나도 놓여 있었지요

바지랑대가 받쳐진 노란 빨랫줄에는 옥양목 이불 홑청이 펄럭였고 반질거리는 댓돌 옆에는 검둥개가 우두커니 앉아 있었어요 달려드는 검둥개 때문에 밖으로 나갈 수가 없었어요 한참을 울다 지쳐 잠든 사이 팥빛 노을을 앞세우고 저녁이 찾아 왔어요

마당에서 싸리비질 소리가 들리고 호미와 쇠스랑 내려놓는 소리가 쟁그랑 거렸어요 머리맡에 인기척이 나더니 눈물이 날 것 같은 근원 같은 냄새가 났어요 손이 천 개쯤 되는 그 냄새는 나를 안심 상자에 넣어주었지요 잠결에도 그 냄새는 바로 알 수 있었어요

가을볕이 아깝다고

엄마는 하루 종일 볕에 앉아 있다
볕을 따라 다니며
겨울옷을 말리고
운동화를 말리고
털목도리와 장갑을 말리고
그래도 볕이 남으면 오래된 책을 말렸다
다음날 또 볕이 들면
이불을 말리고
베갯잇을 말리고
그래도 볕이 남으면 걸레를 말렸다
해가 뒷마당으로 옮겨 가면
엄마는 무말랭이와 호박꼬지를 들고
해를 따라 갔다
따라가서는 오지 않는 엄마

나도 볕이 아까워 창을 열었다
침대에 장롱에 서랍장에
손님처럼 볕이 잠깐 다녀갔다

꽃상여

억새꽃 물결치는 언덕을 지나
흑염소 풀어놓은 들녘을 지나
오골계 백숙집을 지나
수척해진 가을산에
만장 휘날리며 상여가 들어간다
북망산천 더듬는 선소리꾼 소리에
상여도 출렁출렁 소리를 탄다
묵정밭 지나고
메밀밭 지나서
앞산 뒷산 주고받는 만가 소리에
수척한 산이 이마를 쓸어 올린다
상여 따르는 사람들 바쁜 걸음 뒤에
목발 짚은 노인이 더 바쁘게 따라간다
가쁜 숨을 몰아쉬며
가을산이 출렁인다

| 제4부 |

그 물소리

4월의 눈

술렁이는 봄 산에 들었다가
눈을 만났어요
산개구리 꿍얼거리는 못가에
눈이 내려요
엊그제 먼 길 떠난 사람
외롭지 않게 풀풀 내려요
나무의 눈알들이 땅으로
쏟아져 내려요

저기 벽오동 그늘 밑에서
가슴에 묻었던 사람들이
걸어 나오네요
나무에서 떨어진 눈알들이
연못에 떠다녀요
점점이 검은 올챙이 눈알들이
물밑에서 번들거려요
구부린 등허리가 참 따뜻해요

그 물소리

새벽 3시, 물소리가 난다
배관을 타고 흘러내리는 그 물의 소리가
밤새 설컹거리던 나의 잠을 깨운다
먼 곳을 돌아왔을 그 물의 소리가
눈인사도 나누지 못한 505호를 지나
권고사직 당해 기죽어 다니는 405호를 지나
지린내 풍기며 절룩이는 305호를 지나
툭하면 주먹질하던 205호를 지나
그 아래를 지나
어디론가 쫄쫄히 간다

태백산 금대봉 아래서 솟아오른 물이
구불구불 흐르는 그곳에
그 물의 발원지가 있다 한다
정선 골지천 절벽을 지나
협곡에 가로누운 너른 바위를 쓰다듬었을
동강 섶다리를 휘돌아왔을

두물머리 어디쯤에서 금강봉 물을 만나
손잡고 깔깔거렸을
그 물의 소리가
지금 나를 깨운다

이안치킨집은

길 건너 대박마트 옆이다
모퉁이를 돌면 황금부동산이다
클레오파트라미용실과 등을 대고 있다
우리집 거실에 서면 이안의 속이 환히 보인다
우리집에서도 그곳에서도 TV 속 여자는
울음을 멈추지 않는다
남편과 언성을 높이는가 싶더니 목 놓아 울고 있다
생닭 가득한 이안의 냉장고는
오늘도 문이 열려 있다

도마 위에 썰다 둔 양배추와 당근이 있다
사각 테이블 두 개와 타원형 테이블이 한 개 있다
오른쪽 벽은 지중해식 타일 장식을 했고
왼쪽 벽에는 가슴을 드러낸 서양 여자가
맥주잔을 들고 서 있다
누군가 이안의 문을 밀고 들어간다
벽에 걸린 여자의 큰 가슴 사이에서 머뭇거린다

구석진 자리에 앉는다
주인 남자는 팔짱을 끼고 이쪽을 본다
이 안에서 나도 그를 본다
이안과 이 안 사이로 소음이 흐른다
이안과 이 안 사이에서 밤이 깊어간다

봄날

기다리던 봄처럼 더딘 걸음이다
길가에 여린 쑥이 반가운지
걸음을 멈춘다
새순이 반가운지
검버섯 핀 손등을 내밀며
풀섶에 앉는다
굽은 등허리에서
햇살이 미끄러진다
명지바람이 물가를 가로 질러
쇠백로의 잿빛다리 새로 빠져나올 때까지
곰곰이 앉아만 있다
정수리에 얹은 봄날이 간다
비칠거리며 일어서다 그만
풀썩 주저앉는다
한나절이 지나간다
검불 터는 뻐덕한 손바닥에서
풋내가 난다

사타구니에서도 날개죽지에서도
갓 쪄낸 쑥버무리 냄새가 난다

달둔에 가다

은행나무 숲에서 꿈을 꾼다
천년의 숲이다
노란잎들 떨어져 쌓인 그늘 아래
수세기를 거슬러 온 사람들이 우수수
잠에서 깨어난다

그대, 맨드라미 수북한 붉은 담장을
돌아갔는가
골짜기를 돌아 나온 찬바람에 누룩빛 얼굴을
씻으며 갔는가
누군가 기대 살던 둔덕을 지나
소붓한 길을 홀로 갔는가
덤불 헤치고 흐르는 낮은 물길 따라
울며 갔는가

창창한 나무 사이로 길이 숨는다
꿈꾸듯 흔드는 묵은 가지 사이로
가을빛이 꽂힌다

달뜨는 저녁 아니어도
먼 잠에서 떨어져 나온 단풍별이
하염없이 쏟아지는 곳
그 소리에 잠을 깨는
달둔*

* 달둔 : 강원도 홍천 방태산 남쪽 오지로 살둔, 월둔과 함께 삼둔三屯으로 불린다.

그날 아침

칼등에 피가 묻었다
껍질이 벗겨진 그가 도마 위에 눈을 내리깔고
길게 누워 있었다

나는 꼬리부터 잘랐다
뼈가 드러난 살에 피가 흐르고
칼날이 번뜩이자 붉은 방울이 사방으로 튀었다

죽은 아버지는 나를 물끄러미 보고만 있었다
붉게 물든 내 손을 보고도 말리지 않았다

뼈와 칼날이 부딪는 소리에 소름이 돋았고
밤새 잘라도 긴 몸통을 다 자를 수 없었다

중심은 쉽게 잘라지지 않았다

칼자루를 쥔 손에 검붉은 땀이 흥건했고

오금이 저렸다
돌아가려 해도 발이 떨어지지 않았다

밖에는 생나무에 물이 오르고 있었고
나뭇가지마다 바람이 다녀갔다
나무와 나무 사이에 허공이 커졌다
아버지, 오늘은 왜 자꾸 생목이 오를까요?

곳곳에 뿌리 채 뽑힌 나무의 빈자리가 보였다
이른 아침, 누군가 시린 발을 구덩이에 밀어 넣고
한동안 손 비비며 서 있었다

마당엔 전기톱을 든 인부들이 웅성거렸고
담장 아래 나무토막이 수북했다
누군가 게워낸 시간의 속살들이
톱밥처럼 쏟아져 있었다

그림자

내가 왼쪽 어깨에 해를 받으며 저수지로 갈 때
그는 허리가 잘린 채 비스듬히 뒤따라 왔다

나도 그도 부지런히 걸었지만
우리의 거리는 좁혀지지 않았다
내가 발길을 돌려 오른쪽 어깨에 해를 받으며
포구로 돌아올 때 잠깐 그가 보이지 않았다
나의 정수리와 등짝이 후끈거릴 때
문득 앞서 가는 그를 보았다
자꾸 발끝에 채이는 그를
툭툭 차면서 갔다

내가 구부러진 방죽을 멀리 돌아올 때
그는 두 팔로 허공을 저으며 가고 있었다
온통 풀빛이었다

내가 땀을 닦느라 걸음을 멈추었을 때

그는 행인들 사이에 있었다
모두 아랫도리가 검었다
정수리를 지나던 해가 갯골에 박힐 때쯤
어디론가 사라지고 없었다

이따금 도심 한복판에서
그를 만나는 날이 있었다

여자 3호

그녀는 탐색 중이다
누군가 변덕을 부리거나 그녀를 믿지 못할 때면
주저 없이 재탐색을 시도한다
창에 불이 켜진 동안은 쉬지 않는다
그녀의 혀는 구강기 아이처럼 말랑할 것이다

그녀는 좌우로 굽은 도로를 기억한다
들판과 강물을 기억한다
들판과 강물 사이 절집과 밥집의 내력을 알려준다

그녀가 사라졌다
정지된 화면은 막 지나온 해변을 꽉 물고 있다
탐색에 몰두하던 그녀가 아무것도 찾지 않는다

어떤 견딜 수 없는 혼란의 순간이
그녀에게 찾아온 것일까

그녀가 사라진 이유를 더듬어 본다
서둘러 봄을 맞으려고 먼 바다에 온 때문인가
바닷물이 노을에 물든 때문인가
노을에 취한 우리가 서로를 더듬거린 때문인가

억새가 물결치는 밤이다
무심한 듯 고갯길을 내려오는데
그녀의 음성이 귓가에 맴돈다
-잠시 후 좌회전입니다
-좌회전 후 직진입니다

이방인이

근을 캔다
연잎 스러진 자리에
이마가 땅에 닿도록 허리를 굽히고
남자 셋이 뻘 속으로 쇠스랑을 찔러 넣는다
이방의 말들이 뻘 속에 박힌다
굽은 등허리 위로 새들이 날아간다

때 이른 추위에 털모자 눌러 쓰고
움푹한 눈으로 근을 찾는다
뒤집힐 때마다 달려 나온 그것들이
성긴 바구니에 가지런하다

해를 받으러 나온 노인들이
이방인에게 말을 건다
어디메서 왔는가 허리 아프겄소
쥔이 안볼 때는 쉬엄쉬엄 허드라구
오메 저 사람들 안가는 데가 없소잉

저네들 없으면 이제 아무 일도 못하것네
허연 잇속을 보이며 이방인이
손을 흔든다

누가 이 땅의 뿌리를 캐내는지
누가 이 땅에 뿌리를 내리는지
아무도 모른다

통점

악관절 어디가 떨꺽 걸린다
벌리거나 다무는 어느 점에서
통증이 온다
의사는 통증의 지점을 더듬고
나는 그냥 벌리고 다물고……
생각하지 않는다

씹고 씹히고의 안과 밖이 떠오른다
저작근이 움직일 때마다
사라졌던 것들이 환영처럼 내 걸린다

푸르게 빛나던 푸성귀와
오독거리던 알곡의 기억들이 어금니에 박혀있다

의사가 헤집고 긁어낸 자리에
바람을 집어넣고 아말감을 쳐넣는다
〉

저작근의 기억들이 자꾸
벌리고 다물고

당신, 거기

아직도 있는지요, 봉긋한 잠적 앞에
당신이 살아보지 못한 오십을 다 넘긴 거죽들이 왔어요
건너편 산그늘이 깊어지고
무덤 옆 오동이 수십 년 잎을 털어내는 동안
삼베끈으로 질끈 묶인 썩은 몸 육탈은 되었는지요
가늠할 길 없는 어둠 속에서
뼈를 휘감으며 쳐들어오는 나무뿌리들을 어찌 견디고 있는지요
자작자작 속으로 스며드는 물기에 젖고 또 젖는지요
온갖 벌레들 달라붙어 마지막 남은 체액까지 빨아내도
거기 누워 자고 또 자는지요
육신은 다 거기 두고 꿈처럼 깨어나서
그 옛날 사랑방에 헛기침으로 머무는지요
양지 바른 저 비탈에 옮겨 앉아
시퍼런 잣나무 둥치에 몸 대고
더운 몸을 식히고 있는지요
床石에 나와 앉은 송장메뚜기처럼

여기 남은 쓸쓸한 것들을 바라보고 있는지요

아버지, 풀 좀 내릴게요

소한 무렵

허공에도 뼈가 있는가
싸늘한 오후
성긴 눈발 날리는데
세상은 온통 마른 뼈처럼 달그락거린다
대추나무 뼈
살구나무 뼈
벚나무 뼈
빛나던 살점들 떨어져
켜켜이 썩어간다
그 뼈들, 발밑은 보지 않고
허공만 쿡 쿡 찌른다
윤기 흐르던 저 살갗에
마른버짐이 핀다
북풍 불어오는 창가에서
뼈들이 웅성거린다
흔들린다
눈발 굵어진 허공에 중심이 선다

비로소 가닥이 잡힌 뼈들
고요하다

주말농장

이곳에는 일주일 내내 한가한 이들이 나와 있다
주말이 아닌 평일농장이다

주말이든 평일이든 한가한 사람들이
푸른 시간을 꿈꾼다

돌멩이와 낡은 판자가
막대기에 묶은 비닐 끈이
서로 경계를 짓는다

바람이 햇살을 몰아가는 그곳에
방울토마토가 열리고
고추가 열리고
참깨가 꽃을 피운다
어디서든 싹이 트고 꽃이 피는 푸성귀들은
울타리 밖을 바라보고
사람들은 울타리 안쪽을 바라본다

잎이 무성해지고
알맹이가 여물면 경계마다 푸른 그늘이 진다
고추밭과 옥수수밭 사이에
잔돌 모아다가 담을 쌓는 노부부
감자밭과 참깨밭 사이에
쇠꼬챙이 깊이 박고 노끈을 치는 남자
나뭇가지 주워 모아 밭둑에 둘러 꽂는 여자
농장 여기 저기 금이 간다
경계가 어지럽다

실종

사라진 아이들이 벽보 안에서 웃고 있다
전동차 출입문 옆에서

미처 슬픔을 배우지 못한 어린 아이들이 웃고 있다
헤어진 어느 날의 철 지난 옷을 입고
마지막 종적은 단 두 줄씩이다

75년 10월 다섯 살 엄기숙 발등에 화상 흉터 눈이 큼 이마가 넓음
왼쪽 발바닥 밑에 점 파란고무신 미도파백화점 82년 3월 세 살
이은호 오른쪽 귀 뒤 큰 점 동그란 얼굴 눈썹 진함 검정고무신
제천역 79년 5월 이재식 세 살 엄지손톱 빠짐 눈 큰 편 인중 짧음
만석부두

실종은 왜 언제나 벽보 안에서만 사실화 되는가
누군가의 손을 놓친 그 순간은
왜 항상 희미한 걸까

생사불명이 아니고 생사분명이라면

지금쯤 누구의 엄마 아빠가 되었을
저들의 실종 앞에 가슴 저린 누군가
벽보를 쓰다듬는다

언제까지나 아이들로 기억되는 저들을
살면서 마주친 적은 없었을까
모골이 송연하다

물끄러미 벽보를 바라보던 모자가
손을 꼭 잡고 출입문을 나선다
종적을 감춘다

사과

사과를 깎는데 구름이 몰려온다
약속도 없던 그를 만나고 시내버스는 경적을 울린다
막다른 골목에서 여자의 비명소리가 들리고
아기를 몰래 버린 철부지 엄마가 운다
사과꼭지 같은 아기의 숨골이 할딱인다

사과를 깎는데 구름이 흩어진다
불멸의 붉은 색이 깎여 내린다
그 속에 궁극으로 가는 흰 속살, 거기 사과의 시간이 흐른다
사과를 돌려 깎는다
지구본을 돌린다
손끝에 쏟아져 내리던 풋풋한 별들
사과에는 별의 시간이 남아 있다

사과를 먹는데 바람이 분다
커튼 뒤에서 잘게 쪼개진 빛이 들어온다
빛은 망사천을 통과해 사과에게로 온다

쟁반 위에 사과가 빛난다
사과의 시간이 붉게 타오른다
나무 위의 사과를 식탁으로 옮겨놓은 한 남자가
사과처럼 움직이지 말라고 고함을 친다
그는 사실적인 사과에 대해 말하려는 걸까

사과를 먹는데 어둠이 내린다
약속도 없던 그가 찾아오고
철부지 여자애들이 담장 아래 모여 수근거린다
해죽해죽 웃는다 별의 시간을 헤아리듯
사실적인 웃음이다

사과는 지금 나와 허공 사이에 놓여 있다
사실적인 사과로

분순할매

침대 아래 휴지조각이 수북하다
몰래 숨겨두었던 두루마리 휴지를
쪽쪽이 잘게도 찢어놓았다
아무리 주머니를 뒤지고 빼앗아도
어느새 숨겨 두었다가 찢고 또 찢는다
밤새 그렇게 휴지를 찢으며
혼자 중얼중얼 뱉어놓은 말들이
바닥에 흩어져 있다

젊어서 점쟁이였다는 할매는
목이 말라도 빌고
오줌이 마려워도 빈다
두 손 모아 절절히 빌어댄다
그렇게 빌다가 지워졌는지
손금에 새겨진 지난 내력들을 말갛게 잊었다
가끔 흐린 기억들이 다녀가곤 하지만
이제 당신 이름도 모르는 눈치다

그녀가 흐릿한 기억을 더듬어 점괘를 꺼낸다
-신랑이 돈은 잘 버는데, 지가 다 써버리니 집이가 고생
허겼어
묽어지는 기억들을 어디라도 새기려는 듯 끝없이 중얼거
린다
창을 넘던 분홍 노을이
할매의 주름진 목 밑에서 넘어갈 듯
넘어갈 듯 가릉거린다
그녀, 휴지 두 쪽을 또 숨긴다

환승

당신은 내가 기다리는 시간에 온 적이 없어요 당신이 내게 오는 길을 미리 나서보지만 당신은 그곳에 없지요 우리의 시간은 언제나 다르게 지나가지요

시간을 갈아타고 싶을 때, 카페에서 누군가를 기다려요 내가 창가에 앉아 서로에게 공정한 시간에 대해 생각할 때 당신은 땀에 젖은 얼굴로 무언가를 팔고 있었지요 당신은 그것이 여름이라고 했어요

내가 열일곱 번째로 떠나보낸 그를 못 잊어 눈물을 쏟을 때 당신은 트럭에 치어 죽은 고양이를 위해 구덩이를 파고 있었지요 손등에 식은 피를 묻히고 어색하게 웃었어요 우리의 시간은 다르니까요

J역은 우리가 자주 가던 환승역이지요 막차를 기다리는 동안 낯선 사람들과 술을 마셨어요 펑펑 내리는 눈 때문에 비참해진 군인들이 역전 골목으로 들어가고 나는 밤새 대합

실에서 시간을 삼켰어요 당신이 6인실 병상에 누워 시간에 굴복하는 줄도 모르고

눈사람

바람의 날개가 솟는다
모진 시간 견딘 생살이 찢긴다
설해목 꺾이는 소리 골짜기를 흔든다
인적 끊긴 산촌에 저녁이 찾아든다
흩어졌던 혼들 자리 다투며 돌아온다
낮아진 물소리 따라 강으로 내려앉는다
구름이 발뒤꿈치로 앞산 정수리를 누른다
여린 혼들 뛰어든 저문 강에 저녁이 온다

멀리 있는 당신 소식 궁금하다
허공이 분분하다
분분한 그 사이로 누군가 젖는다
속울음에 몸을 적시던 당신처럼
쌓인 눈에 꺾이던 당신처럼
누군가 꺽꺽 울다가
녹아내리다가
자리를 바꾼다

해설|

따뜻하고 쓸쓸한 시간의 기록

—권순 시인의 시세계

이경림 | 시인

사람살이를 한마디로 말하라 하면 무어라 해야 할까? 생각이 조금 깊은 사람은 먼저 사람의 생이 다른 존재들의 그것과 다른 것이 무언가를 생각하게 될 것이고, 그 다음 다르다고 생각되는 그 무엇의 속을 찬찬히 들여다보고 그 유니크함이 어디에서 오는지 생각하게 될 것이다. 존재철학에서는 근원적으로 사람이 하나의 존재자로서는 다른 존재와 다른 것은 없다고 이야기한다. 그럴지도 모른다. 벌과 꽃이 그 모양과 사는 모습이 다르지만 생로병사라는 큰 틀에서는 같은 것처럼 사람의 한 살이와 다른 존재들의 한 살이도 그런 차이가 있을 뿐이라고 생각할 수 있으리라. 그러나 진부한 이야기 같지만 사람이 다른 존재들과 근원적으로 차이가 있는 것은 데카르트의 대명제처럼 사람은 생각하는 존재라는 것일 것이다. 그리고 사람에게 있어 그 생각(마음)이란 것이 그들의 한 살이에 지대한 영향을 미치는 것을 부인할 수 없기 때문일 것이다. 어떤 학자들은 식물이나 동물에게도 그것이 있다고 주장하기도 하지만, 설사 식물이나 여타 동물들에게 그것이 있다 하더라도 사람의 경우처럼 그것이 그들의 생을 좌지우지할 만큼 영향력이 있는 것은 아닐 것이다. 생각해보면 인간만이 가지고 있는 그 생각이란 것이 인류를 얼마나 눈부시게 발전시켰는지 부인할 사람은 없을 것이다. 소통하고픈 간절한 마음이 말을 탄생시키고, 그것을 오래 남기고픈 마음이 문자를 만들고, 그것을 도구로 인류는 금단의 구역이었던 우주의 비의까지 기웃거리게 되었으니, 지나친 비약 같지만 어쩌면 우주는 인간의 마음이 만들어낸 창조물이라 할 수도 있으리라. 그런 의미에서 문학도 과학도 예술도 결국 그 마음이 발견해낸 생각의 놀이 같은 것은 아닐까 생각되기도 한다. 아방가르드니 포스트모던이니 서정이니 서사니 하는 분류 자체도 그 마음을 좀 더 잘 나타내고 싶은 욕망의 또 다른 표현형식일 뿐 근본은 같다고 할 수 있을 것이다.

어느 날, 지구의 연대기를 뒤적이다가 빙하기의 끝인 현대를 plastic age라고 표현한 것을 보고 섬뜩해진 적이 있다. 청동기니 쥐라기니 백악기니 하는 이름들 속에는 자연이 녹아 있다. 그런데 플라스틱이란 그 정체모를 혼합물이 이 연대를 대표하는 이름으로 등재되고 우리가 그 속에서 잠깐 어른거리다 사라지는 존재들이라 생각하니 문득 쓸쓸해지기까지 한다. 플라스틱이라는 이름이 풍기는 이미지처럼 이 시대의 정신도 가볍고 편리하지만 본질적으로 유해하고 썩지도 않는 정체모를 재료들의 혼합물은 아닐까 생각하니 오스스 소름이 돋는다. 그러나 어쩌면 이 시대는 비인간적이어서 부담이 없는, 비인간적이어서 재미있고 비인간적이어서 그것이 무엇이든 마음대로 가지고 놀다 버리기 좋은 이상한 역설을 즐기고 있는지도 모른다는 생각이 든다. 그리하여 예술의 한 장르인 이 시대의 시에도 인간적인 따뜻함을 발견하기란 점점 어려워지는 지도 모른다는 생각도 든다. 그러나 역설적이게도 이 시대의 고독은 사라진 그 인간적인 것에 대한 그리움인지도 모른다. 마치 본적도 없는 쥐라기의 공룡을 그리워하듯 자연nature의 본질적인 인간애를 그리워하고 있는 지도 모른다. 권순의 시의 출발은 바로 그 지점에서 시작된다고 할 수 있겠다. 인간의 욕망이 훼손시킨 것들을 불러내어 그들이 현대라는 怪時代의 그늘에서 어떻게 소외되고 잊혀져 가는지 보여주려는 것이다. 주체는 사람일 수도 있고 사물일 수도, 혹은 아주 잠깐 지나가는 어떤 현상일 수도 있겠다. 어쩌면 드라이하기 짝이 없을 것 같은 이 작업에서 독자가 따뜻함을 느끼는 것은 그의 시선에 밑바닥이 따뜻하기 때문일 것이다. 생각해보면 '마음'이라는 소우주 속은 과거나 현재 혹은 미래 같은 이분법적 범위에서 벗어나 있다. 그저 과거는 현존하는 부재이며 현재 역시 부재하는 현존에 지나지 않는다. 중요한 것은 그가 불러내는 모든 시간들이 따뜻함이란 질료로 짜여진 인드라의 그물로 연결된 존재현상에 다름아니라는 공통점을 가지고 있다는 점이다. 그의 시를 읽으며 우리는 우리가 무심히 스쳐지나온 혹은 잊고 살아온 시간들이 환하게 불을 밝히고 소곤거리는 소리를 듣게 될 것이다. 좋은 시인이란 그의 개인적 혹은 사회적 상처를 반성하고 분석하여 그것에 보편적 의미를 부여할 줄 아는 사람이라고 김현은 말했다. 지나치게 과장하거나 억지로 감추는 글은 고작 추상이나 감상의 범위를 벗어나지 못하기 때문이다. 그의 시는 대부분 자신을 철저히 배제한 상태에서 현상을 토대로 사실적이고 객관적인 관찰을 통해 쓰여진 것들이라는 점에서 독자로 하여금 자연스런 공감대를 불러일으킬 수 있다는 생각이 든다.

유년의 안쪽

밤나무실 살 때 옆집 살던 갈골할매는 사시사철 머리가 시리다 했다. 수건을 두리두리 감쳐 쓰고 혼자된 우리 엄마 적적하다고 저녁마다 마실을 왔다. 할매는 밤마다 나직한 음성으로 세상 이야기를 들려줬다. 아랫목에 누워 자는 척 듣다 보면 인왕산도 보이고 전쟁 난 월남 소식도 들리고 바람난 우서방댁 도망가는 엉덩이도 보였다. 주름 자글한 할매 목이 꿀럭거릴 때 마다 이야기가 싸락싸락 올라왔다. 밤이 이슥해지면 목수였던 갈골할배 작은댁 얘기가 어김없이 화롯가에 내려앉았다. 할매는 화로에 손을 쪼이다가 인두로 불씨를 꾹꾹 눌렀다. 그럴때면 할매 손끝에서 얘기가 나오는 것도 같았다. 할매가 움직일 때마다 겨드랑에서 바삭바삭 공단저고리 스치는 소리가 났다. 종일토록 혼자 노는 날이면 할매처럼 엄마 저고리에 쉐타를 껴입고 식은 화롯가에 앉아 인두로 마른 재를 꾹꾹 눌렀다. 손사래를 치면서 혼잣말로 할매 흉내를 냈다. 저물도록 문간방에는 나직나직 혼잣말이 내려앉았고, 내 겨드랑에서는 날개 스치는 소리가 났다.

—「독백을 배우다」 전문

이 시에서 갈골할매와 우리 엄마가 마치 무슨 우주의 비의라도 발설하는 듯 나직나직 나누는 대화 속에는 밤나무실이라는 작은 마을에서 울고 웃으며 살다간 소박한 사람들의

小敍事가 그대로 들어 있다. 사시사철 머리가 시리다고 수건을 두리두리 감쳐 쓰고 다니는 갈골할매, 혼자되어 어렵게 몇 남매를 키우고 있었을 우리엄마, 남편이 월남 간 사이 다른 남자와 눈이 맞아 도망간 우서방댁 그리고 목수였던 갈골 할배, 그 집에 밉상 더부살이였을 작은댁……들이 각자의 캐릭터를 가지고 나직나직 살아있다. 어떤 소설의 등장인물들처럼 서로 미워하고 사랑하고 또 누구는 모진 시간을 견디지 못해 도망치기도 하며 아프게 만들어낸 밤나무실이라는 소우주의 역사가 기억의 호롱불 곁에 환하게 둘러 앉아 있다.

이 시에도 마찬가지지만 이번 시집에서 특히 눈길을 끄는 것은 그가 타고난 이야기꾼이라는 점이다. 그는 현상을 꼼꼼하게 관찰하고 풀어내는 시적, (특히 언어적) 감성이 탁월하다. '주름 자글한 할매 목이 꿀렁거릴 때마다 이야기가 싸락싸락 올라왔다.'라든가, '밤이 이슥해지면 목수였던 갈골할배 작은댁 얘기가 어김없이 화롯가에 내려앉았다. 할매는 화로에 손을 쪼이다가 인두로 불씨를 꾹꾹 눌렀다. 그럴 때면 할매 손끝에서 얘기가 나오는 것도 같았다.'라는 대목에서 보이는 그의 언어적 감성은 탁월하다. 이 시를 읽으면 마치 「사랑방 손님과 어머니」나 김동인의 「감자」를 읽을 때처럼 고전적인 감성이 되살아남을 느낀다. 그것은 인간의 감성을 차분히

끌어내려 독자로 하여금 생에 대해 한 번 근원적으로 더듬어 보게 하는 힘을 가지고 있다. 어쩌면 시인에게는 선잠 속의 환영 같기도 실재 같기도 한 유년의 추억에 불과할지 모르지만 결과적으로 생은 실재 같기도 환영 같기도 한 그들의 삶을 흉내 내다 자신의 겨드랑이에서 날개 스치는 소리를 들으며 어른이 되는 것 아닌가. 그리하여 먼 훗날 아이는 이런 깊은 메시지를 다음과 같은 아름다운 문장으로 남기게 되기도 하리라. '종일토록 혼자 노는 날이면 할매처럼 엄마 저고리에 쉐타를 껴입고 식은 화롯가에 앉아 인두로 마른 재를 꾹꾹 눌렀다. 손사래를 치면서 혼잣말로 할매 흉내를 냈다. 저물도록 문간방에는 나직나직 혼잣말이 내려앉았고, 내 겨드랑에서는 날개 스치는 소리가 났다.'

다음의 시에는 차마 발설하기조차 힘든 한 모자의 삶이 어떤 가감도 없이 그대로 드러나 있어 읽는 이로 하여금 섬짓함마저 느끼게 한다. 이 휘황한 시대의 뒷골목에 우리가 짐짓 모르는 척 살아가는 이런 목숨들이 얼마나 많을지 생각하면 문득 이 시대가 모르고 짓는 죄업의 연대감 같은 것이 드는 것도 사실이다. 그러나 자칫 사회고발처럼 써지기 쉬울 이런 내용을 그는 얼마나 문학적으로 처연하게 풀고 있는가.

밥상에 파리가 꼬인다 얼마동안 그렇게 놓여 있었는가 주발 언저리에 몇 알의 밥과 잘게 찢은 김치쪼가리가 말라 있다 빈 간장 종지가 동그마니 놓여 있다 파리 떼 날아 앉은 옷가지들은 땟국이 흐른다 두덕두덕 내력처럼 걸려 있다 아랫목에 이불 쓰고 누운 아들을 노모는 자꾸 흔들어본다 며칠째 기척이 없다 말아놓은 멍석처럼 꿈쩍 않는다 그렇게 또 며칠이 지나도 아들은 누워만 있고 밥을 주지 않는다 노모는 발등이 드러난 퍼런 슬리퍼에 발을 끼우고 허정 걸음으로 집을 나선다 녹슨 대문 빠져 나와 자꾸 먼 곳으로 간다

아들은 머리맡에 말라빠진 밥상을 남겨놓고 이불 속에 절름거리던 다리를 남겨놓고 먼 길을 간다 먼 길 돌아가느라 엄마가 길을 헤매는 것도 모르고 엄마가 배고픈 것도 모른다 아랫목에 누워 두 다리 쭉 펴고 몸을 벗는다 아들이 얼마나 아팠는지 언제 떠났는지 아무것도 모르는 병든 엄마는 기억이 줄어들고 몸이 줄어들고 이제는 배만 고프고

—「꽃자리」 전문

어떤 기교도 문학적 장치도 없이 마치 일기처럼 담담히 써 내려간 이 시를 읽으면 누구든 가슴이 멍멍하여 그저 우두커니 앉아 있게 되리라. 이 시에서 시인의 개인적 발언은 어디에도 없다. 그저 현상만이 말라비틀어진 밥상처럼 있을 뿐이다. 그런데 왜 독자는 머리를 망치로 얻어맞은 듯 충격

에 휩싸이는 것일까? 이것이 바로 현상 스스로가 하는 말의 힘이 아닐까? 현상이 스스로 말하도록 시인은 그저 멍석만 펴주고 있는 셈이다. 이 충격적인 현상의 말을 들으며 어떤 이는 가난이라든가 사회적인 관심이라던가 하는 기본적인 해결책을 생각하게 될 것이고, 또 어떤 이는 근원적으로 모든 존재들의 생멸의 과정을 생각하기도 하리라. 그렇다, 죽음까지 이르는 과정은 개인마다 다를지 모르지만 결국 존재란 그들의 머리맡에 한결같이 놓여 있던 말라빠진 밥상과 이불 속에 남겨둔 절름거리는 다리와 죽어 나뭇가지처럼 쭉 뻗어 있는 몸뚱이는 동격일지도 모른다. 그러나 시인이 인간의 온기로 이 슬픈 마지막을 의미화하고 있다는 생각이 드는 것은 꽃자리라는 엉뚱한 제목 속에 있다. 비참하다고 표현해도 조금도 과장이 아닐 이 시의 제목이 왜 '꽃자리'인지 혹자는 고개를 갸웃거리는 이도 있으리라. 그러나 이 부분이야말로 시인이 삶을 바라보는 깊은 성찰이 돋보이는 부분이다. 불교에서는 모든 존재현상을 時中이라고 말한다. 모든 존재는 현재를 살고 있고 한 순간순간이 시간의 중심 곧 꽃의 시간이라는 말이다. 그러면 위의 비참한 시간들도 꽃의 시간이었을까? 대답은 '그렇다' 이다. 결국 비극이니 희극이니 하는 분류는 이분법의 한계 안에 있는 세계이다. 그것을 넘어서면 존재들의 어떤 시간도 時中이 아닌 것은 없다. 벼랑에서 뛰어내리는 사람의 마지막 순간도 뻐꾹뻐꾹 종일 짝을 찾으며 우는 뻐꾸기의 시간도 時中을 지나는 중인 것은 마찬가지기 때문이다. 이 시에서 치매 어머니의 그 환몽 속의 시간도 병든 아들이 몸을 벗는 시간도 모두 존재가 꽃 피우는 시간의 중심이 아닐까라고 한다면 지나친 역설일까?

사물, 시간, 자연

위의 두 편이 인간의 삶을 바라보는 그의 시각이 드러나 있는 시라면 아래의 시들은 사물 혹은 잠깐 스쳐가는 현상으로서의 시간을 쓰고 있는데 그의 시에 있어 사물과 인간은 모두 잠깐 나투었다 사라지는 현상으로서의 존재자라는 점에서 그 메타포는 비슷하다 할 수 있다. 다리(교각)를 쓴 아래의 시를 읽고 어머니나 혹은 타자를 위해 일생을 헌신한 한 인간을 떠올리게 되는 것도 그런 이유 때문일 것이다

구절초 하얀 길에
좁다란 다리 하나 있다

발목은 부러질 듯 아슬하고
녹슨 철골 앙상한 종아리는 자꾸 부서져 내린다
거뭇하게 더께 앉은 저 다리 아래

물의 살이 다리의 종아리를 갉아 먹는다
다리에서 떨어져 나간 자갈이
물의 살에 밀려 자그락거린다

누가 입에 물었다 뱉어 놓았는지
아랫도리에 멍이 든 갈대들
다리의 다리를 빠져나온 바람이 쓸고 간다
바람이 물의 살을 삼키려 한다

다리의 다리를 보았다
샛강 낮아진 날 보았다
다리의 다리가 위태로웠다

—「다리의 다리를 보았다」 전문

다리는 일생 엎드린 자세로 타자를 위해 제 등을 내주는 존재다. 그러나 그의 등을 밟고 거친 물살을 편히 건너는 존재들도 그를 눈여겨보거나 그의 존재에 대해 깊이 생각하는 이는 없다. 어느 날 시인은 거친 물살에 발목이 다 깎이고 삭아 부서질 듯 아슬히 서 있는 다리(교각)를 본다. '거뭇하게 더께 앉은 저 다리 아래/물의 살이 다리의 종아리를 갉아 먹는' 형상으로 서 있는 다리. 그것이 이생에서 부여받은 그의 삶이다. 그것은 남을 위해 제 등을 내어 주는 삶이며 거친 물살에 발목이 다 깎이도록 헌신하는 삶이다. 어머니처럼.

위와는 조금 다르지만 다음의 시는 현상과 존재 또 존재의 안과 밖 등 관념적인 것과 실재적인 것의 근원적인 관계를 보여주고 있는 듯하여 흥미롭다.

내가 왼쪽 어깨에 해를 받으며 저수지로 갈 때
그는 허리가 잘린 채 비스듬히 뒤따라 왔다

나도 그도 부지런히 걸었지만
우리의 거리는 좁혀지지 않았다
내가 발길을 돌려 오른쪽 어깨에 해를 받으며
포구로 돌아올 때 잠깐 그가 보이지 않았다
나의 정수리와 등짝이 후끈거릴 때
문득 앞서 가는 그를 보았다
자꾸 발끝에 채이는 그를
툭툭 차면서 갔다

내가 구부러진 방죽을 멀리 돌아올 때
그는 두 팔로 허공을 저으며 가고 있었다
온통 풀빛이었다

내가 땀을 닦느라 걸음을 멈추었을 때
그는 행인들 사이에 있었다
모두 아랫도리가 검었다
정수리를 지나던 해가 갯골에 박힐 때쯤
어디론가 사라지고 없었다

이따금 도심 한복판에서
그를 만나는 날이 있었다

—「그림자」 전문

그림자는 대표적인 자연현상 중의 하나다 그것은 실체가 없다. 그러나 과연 실체가 없는 것은 없는 것인가? 그렇지는 않을 것이다. 만약 그것이 없는 것이라면 왜 그것은 시시로 출몰하며 삼라만상의 발치에 악착같이 붙어 떠나지 않는가? 문득 장자의 「제물론」의 한 구절이 생각난다.

'魍魎이 그림자에게 물었다. 당신은 얼마 전에 걷더니 지금은 멎고 아까는 앉아 있더니 지금은 서 있소. 어째서 일정한 절도가 없는 거죠? 그림자가 대답했다. 나는 내 뜻으로 그러는 게 아니고 기대고 있는 것에 따라 그러는 걸까요? 그러면 내가 기대고 있는 것은 또 달리 그가 기대고 있는 것에 따라 그러는 걸 테죠? 나는 뱀의 비늘이나 매미의 날개 따위에 기대고 있는 셈일까요? 그러나 어째서 그런지 알 수 없고 또 어째서 그렇지 않은지도 알 수 없소'.

위의 글에 나타난 망량이란 도깨비 혹은 허깨비를 뜻하는데 인간이 幻影이란 의미에서 사람을 가리키는 것으로 생각된다. 장자는 이 글에서 그림자가 허상인 것과 같이 사람 또한 환영에 불과하다는 것을 말해 주고 있다. 이런 장자의 말이 아니더라도 생각해 보면 우주만물 중 그 어느 것도 다른 것에 기대어 있지 않은 것이 없다. 이런 현상을 불교에서는 緣起說로 표현하고 있지만 어쨌든 우주에 잠깐 나투어진 존재는 그 인드라의 그물로부터 자유롭지 못하리라. 자신인 듯 자신이 아닌 그림자는 내가 시시로 그 상태가 바뀌듯 시시로 그 형태를 달리한다. 다음의 구절들을 곰곰 보면 그것이 어쩌면 인간의 내면과 외면을 보여주는 것 같기도 하여 재미있다. 이 시에 나타난 그(그림자)는 결국 나이지만 나의 주변을 빙빙 돌며 한 번도 나와 꼭 같은 상태를 유지하지는 못한다. 내가 저수지로 갈 때 비스듬히 뒤따라오던 그가 포구로 돌아올 땐 어디로 갔는지 보이지 않고 내가 방죽을 멀리 돌아올 때 두 팔을 휘저으며 가고 있는 그는 나인 듯 내가 아니다. 그것은 마치 불화하는 인간의 내면과 외면을 보는 것 같기도 하다. 그런 상태를 그는 나도 그도 부지런히 걸었지만 우리의 거리는 좁혀지지 않았다 고 말한다.

존재, 현상의 그물

다음의 시에는 냄새라는 비가시적 현상이 존재들의 일상적 시간 속에 스며들어 어떻게 作用하는지 볼 수 있어 흥미롭다.

사과밭에서 사과꽃 냄새가 나지 않는다면
당신은 우울해질 것이다
우울함은 냄새와 함께 다가온다

사과밭이 보이는 강가에 물비린내가 난다
물비린내 뒤엔 비가 내린다
비가 내리기 전에
어항 속 죽은 물고기를 버려야 한다

사과꽃 냄새가 애인을 달고 온다
수수꽃다리 냄새를 앞세우고
입 안 가득 하얀 꽃을 물고 온다

커피에서 휘발유 냄새가 난나
소년의 사타구니에서도 휘발유 냄새가 난다

날아오르기에 좋은 봄날이다

손이 천 개쯤 되는 냄새들이 날아온다
먼지구름 뽀얀 순례의 길에서 온다

세상에 처음 생겨난 버스정류장에서
아득한 냄새가 날아온다
엄마의 가슴에서 새어나오던 아득함이
타박타박 오고 있다

사과꽃 냄새가 오고 있다

—「사과밭에서 그가 온다」 전문

위의 시의 첫 행인 '사과밭에서 사과꽃 냄새가 나지 않는다면/당신은 우울해질 것이다'라는 구절을 보면 어떤 독자는 마치 보르헤스의 유명한 글 중국인 백과사전을 볼 때처럼 당혹감에 빠질지도 모른다. 사과밭에서 사과꽃 냄새가 나지 않는다고 우울해질 필요는 없다고 생각하는 사람이 더 많을 것이기 때문이다. 그러나 그는 꿋꿋이 말한다. 우울감은 냄새와 함께 온다고. 그리고 그 다음의 행을 보면 엉뚱하게도 그가 말하려는 것이 꼭 사과밭에 관한 것이 아닐 수도 있다고 고개를 갸웃거리게 될 지도 모른다. 이렇게 꼬리에 꼬리를 문 엉뚱함들(사과향기→물비린내→비→죽은 물고기→애인→수수꽃다리→커피→ 휘발유 냄새)로 어떤 체계도 계보도 없이 치환되며 비약하면서 마침내 꽃천지가 되어 날아오르기 좋은 봄날이 되고야 마는 이 시는 문자 그대로 heteropia(혼재향)의 전형이다. 그러나 그것이 과연 카오스이기만 한 것일까? 위 시를 곰곰 들여다보면 아무 관계도 없을 것 같은 현상들이 결국 서로서로 어떤 관계를 가지며 마침내 어떤 유니크한 시간을 만들어 내고 있는 것을 발견하게 된다. 바로 그것이 이 시에서 그가 보여주고픈 의도일 것이라고 생각해 본다. 이 시를 보며 그가 언어로부터 혹은 어떤 인습이나 관념의 틀로부터 차츰 자유로워지고 있구나 하는 생각이 든다.

시인의 언어는 결국 자신의 것인 동시에 타인의 것이다. 그것은 시인 자신에게는 어떤 경우든 태초의 말이다. 그런 의미에서 시인은 끊임없이 태초를 사는 사람이라 할 수 있다. 시인은 자신의 작품 안에서 태초가 아닌 그 어떤 것도 용서해서는 안 된다. 그것을 찾아 시인은 감히 언어라는 맷돌 아래로 기어들어가 자신을 짓이기는 자이다. 자신의 최 정수를 발현하기 위해, 타협에 의해 왜곡되지 않은 순수의 본질이 툭 터져 나올 때까지, 내가 나라는 껍질을 부수고 당신이 당신이라는 껍질을 산산이 부수고 나올 때까지, 기다리고 견디는 자이다.

그의 첫 시집이 될 이 시의 집은 따뜻하고 쓸쓸한 존재들의 집이었다. 그러나 나는 햇살 쨍한 그 집 마당 한 구석에 놓인 맷돌에 자꾸 눈이 간다. 그 앞에서 스스로를 갈고 있는 한 시인에 마음이 간다. 따뜻하고 쓸쓸하고 슬프고 깊은 노래가 오고 있다.